프로 삼일러 탈출 첫걸음

15 DAYS

이유있는 영어 자신감 프로젝트

2 WEEKS

START

GO BACK

CONTENTS

1일차 : 나는 영어를 잘 못한다

DAY 1   나는 영어를 잘 못한다

외국인을 처음 만날 때 흔하게 서두로 사용하는 문장입니다. 항상 외국인 앞에서 '영어를 못한다.'부터 말하는 '나'의 마음은 무엇인지 생각해 본 적 있나요?

20여년 전 미국에서 공부 하던 시절,

영어로 대화하는 다양한 국가의 친구들 사이에서 유독 우리나라 학생들만 특별하게 나타나는 공통된 특징이 있다고 느꼈습니다.

이해를 돕기 위해 그때 느꼈던 것들을 아래의 예시처럼 정리하자면,

출 연 자 중국, 유럽, 한국에서 교육을 받고 온 세 친구
수   준 이들은 비슷한 수준의 영어 말하기를 함.
가   정 원어민과 대화 중, 자신이 표현하는 것에 어려움을 느낄 때.

1. 중국 학생 :

엄청 당당하게 중국말로 말을 이어 나가며, 되려 묻는다. 내가 이걸 어떻게 설명할지 모르겠는데, 중국 말론 이거야!! 알지? 그리곤 호탕하게 웃으며, 네가 중국어를 공부해야 하는데~ 이러며, 능청스레 대화를 이어 나갑니다. 당황한 원어민 친구도 같이 웃으며 다른 주제로 넘어갑니다.

▸ 중국말을 하며 영어를 배우는 나 자신이 무척 자랑스럽다는 느낌의 학생들이 대부분입니다.

2. 유럽 학생 :

뭐라고 설명해야 할지 모르지만 아무튼 그런 느낌이야. 알겠지? 대충 알아듣는 척하는 원어민 친구와 자연스럽게 대화를 이어 나갑니다.

▸ 난 배우는 입장이니 네가 이해해 주는 게 당연하지 라는 느낌의 학생들이 대부분 입니다.

3. 한국인 친구 :

I'm so sorry! I don't know english well. 일단, 자신이 모르는 것을 사과하고, 또 다시 모르는 표현에 대해 사과하고, 영어를 못해서 대화가 연결되지 않는 것에 사과를 합니다. 말 끝마다, 말 중간마다 '몰라서 미안해' 를 연발합니다.

▸ 나는 영어를 못해서 너무 창피하고 부끄러워.. 라는 느낌의 학생들이 많습니다.

우리나라 학생들은 영어를 못하는 불안증을, 미안하다, 사과한다로 표현하며 부끄러운 느낌을 상대에게 전달하지만, 이를 들은 원어민들은 당황합니다.

그들에게 모르는 것은, 사과해야 하는 것이 아니기 때문입니다.
우리나라 학생들은 왜 사과를 할까요?

" 바로, 자. 신. 감. 이 부족하기 때문입니다. "

왜? 우리나라 학생들은 자신감이 부족할까요?

영어 공교육 10년 동안 주기적으로 영어 시험을 치뤘고, 영어공부에 많은 시간을 할애하였으며, 매일 깜지, 영 단어 외우기를 했던 우리나라 학생들은 왜, 외국인 앞에만 서면 자신감이 부족해 질까요?

오랫동안 영어 공부를 해온 많은 학생들을 본 바로는, 감히 아래와 같은 사회, 환경적인 요인으로 인해 자연스레 자리잡은 낮은 자신감이 학생들을 위축시킨다고 생각합니다.

1. 영어를 "공부"로 인식한 아이들

사회적으로 우리나라는 특히 "공부를 잘하는 아이" 를 중심으로 움직입니다. "공부를 잘하는 아이 = 다른 아이들보다 인지능력이 뛰어난 아이" 로 정의가 되는데, 이는 학교시험성적, 대학 네임 밸류, 직업까지 이어져 판단됩니다. 이 과정에서 영어를 잘하는 학생 쪽에 끼지 못 한다면, 자연스레 다른 쪽에 자신을 포지셔닝 하게 되고, 소외 됩니다. 소외된 학생들은 '자연히 나는 공부를 못하니 영어도 못해.' 라는 생각을 갖게 됩니다.

2. 긍정적인 말하기 경험이 없는 친구들

이 부분은 작은 성공 경험을 반복하면 극복이 가능합니다. 아이들은 항상 경험을 통해 작은 성공과 실수를 반복하며 커 나갑니다. 그 과정을 즐기며 말하기 경험을 하는 것이 중요합니다. 다만, 그 과정이 외부적인 요인 (ex. 부모의 재촉) 으로 인해 즐겁지 않거나, 방해, 혹은 비판 등으로 경험 자체가 부정적으로 기억된다면, 당연히 다음 번 말하기는 잘 되지 않을 것 입니다. 영어를 만날 땐, 최대한 긍정적인 경험으로 채우는 것이 가장 바람직합니다. (행복하고 즐거운 것만이 성공적인 것이 아니라, 작은 실수, 극복하기 힘든 문제들도 나중엔 즐겁고 웃으며 기억한다면, 그것도 성공한 경험이 되는 것입니다!)

3. 비교문화, 자신을 가장 낮은 곳으로 포지셔닝

이 부분은, 첫번째 항목과 연관이 있습니다. 결과 중심적인 사회안에서, 똑똑한 사람들의 순위가 결국 우리 학생들, 또는 부모들의 순위로 받아들여집니다. 그에 따라 자존감이 낮게 형성이 되어 있지 않은가를 살펴봐야 합니다. 자존감이 낮은 친구들은, 남들이 자신을 어떻게 판단할 것인가에 대해 민감하기 때문에 자신의 실수를 두려워합니다. 그렇기에, 자신이 모르거나 확신이 서지 않는 영어 말하기 앞에서 입을 열려고 하지 않는 것입니다. 이런 경우는 오랜 시간을 두고 극복해 나가야 합니다.

위와 같이 나눈 세가지 요인들이 모든 학생들의 입장을 대신할 수는 없지만, 이 요인들이 대부분의 우리나라 학생들의 자신감을 낮게 형성 시킵니다.

하지만, 요즘은 영어학습법도 많이 다양해졌고, 사회적으로도 많은 부분 개선되기도 했으니, 제가 공부했을 당시보다 이런 친구들이 확연히 줄어들고 있지만, 아직도 많은 부분이 아래 세대로 전달되어면서, 저와 비슷한 또래의 사람들 뿐 아니라, 아래 세대들도 이런 생각들을 떨치지 못해 영어 공부를 실천하기 두려워하시는 분들이 많습니다.

이것이 나의 이야기라고 생각하시는 많은 분들에게, 정확한 목표 설정과 동기 부여를 돕고자 이 책을 설계하였습니다.

공부를 시작하기 전에 "나" 에 대해 깊게 생각해 보는 시간을 갖도록 합니다.

★ 그동안의 "나" 에 대해 생각해보기 ✎

→ "나는 영어를 잘 못한다." 라고 말해 본 적이 있나요? 그런 경험과 상황에 대해 한번 적어보고 그때 내 마음과 생각은 어땠었는지 구체적으로 서술해 봅니다.

_____

_____

_____

_____

_____

_____

_____

→ 그렇다면 그 두려움을 극복하기 위해 어떻게 새롭게 생각할 수 있을까요? 혹시 해본 적이 있었는데 잘 안되었나요? 어떤 부분이 잘 안되었나요?

_____

_____

_____

_____

_____

_____

영어 공부에 접근하고 싶은 마음이
조금은 생기셨나요? ^^

시작조차 하지 않으면,
이길 수도 없습니다.

You can't win
if you don't even start.

- Anonymous -

DAY 2 영어는 '도구'다

우리는 앞으로 영어를 '도구' 라고 생각해야 합니다.

1일차에서는 영어를 공부라고 인식하는 환경에, 자신감이 부족해진 우리의 모습을 마주하고 나의 마음을 돌아보았다면, 이번 차시에서는 영어에 대한 근본적인 생각을 바꿀 주제를 꺼내 봅니다.

▶ 우리는 앞으로 영어를 '도구' 라고 생각해야 합니다.
▶ 이에 대한 목표는 이 '도구' 를 적절하고 자연스럽게 활용하는 것 입니다.
▶ 그리고 그 '도구' 를 항상 관리하여 언제 어디서나 사용할 수 있게 해야 합니다.

모두 알고 있습니다. '영어'는 세계가 약속한 '세계 언어'라는 것 을요.

중국, 인도, 아프리카, 세계 어디든, 세계언어인 영어를 구사하는 사람들은 그렇지 않은 사람들보다 '월등한 도구'를 가지고 있다는 인식이 자연스레 존재합니다. 우리나라도 마찬가지입니다. '세계언어'를 도구로 가지고 있는 사람들이 언제 어디서나 효과적인 능력을 발휘합니다.

우리는 생활에서 영어의 능력을 뼈저리게 느끼기에, 항상 새해 목표는 영어 공부, 언젠가 이루고 싶은 목표도 영어공부, 마음 한 켠에 자리잡고 있는 숙제로 영어 공부라고 합니다.

'영어'라는 '도구'를 장착해야 세계인으로서 인정받는 나의 자리가 생길 것이라는 사실을 알고 있기 때문입니다.

그리고 그 염원은 다시 나의 자녀들에게 옮기어 갑니다.
나는 못해도 너는 꼭 해야지...

수명이 짧았을 그 전 세대들은 가능했을 일입니다. 모든 것이 윤택하지 않았을 그 세대들은 그럴 수 있지요. 하지만 현재를 살고 있는, 살아올 날보다 살날이 더 많은 우리들은, 내가 빨리 공부하는 것이 낫습니다. 훨씬 효율적입니다.

이것이 저를 항상 공부하게 만드는 동기이며,
주변 사람들에게도 공부하라고 권유하는 가장 큰 이유 입니다.

우리가 세계인이 되기 위해 가져야할 도구를 장착할 준비가 됐나요?

⭐ 우리가 갖춰야할 도구의 활용에 대해 생각해 보기. ✍

→ 그동안 나에게 "영어"는 무엇이었나요? "영어 공부" 라는 단어에 어떤 느낌과 생각을 갖나요?

→ 영어를 도구로 장착한다면, 그 도구를 어떻게 활용하고 싶은 가요?
사람들과 대화하는 도구? 영상을 시청하는 도구? 다양한 친구들을 사귈 수 있는 도구?
아니면, 자기 개발 성취의 도구? 어떤 도구로 사용했으면 좋을지 생각해 보고 적어 봅니다.

2일차, 3일차가
기대되지 않나요?

매일매일이
두 번째 기회입니다

Everyday is a second chance.
- Frank Sinatra -

DAY 3　영어 공부, 왜 하는 거니?

영어를 장착하려거든, 궁극적인 목적을 찾아라.

기본적으로 "영어공부" 라고 하면, 어떠한 시험이나 자격을 목표로 하는 맹목적인 공부를 떠올립니다. 공부는 항상 "맹목적"으로 하는 것이라는 사회적인 분위기가 강했던 시대에서 자라왔기 때문입니다.

일단, 영어공부를 시작하려는 순간,
누가 좋다는 책을 사고, 리뷰가 좋은 인강을 듣고, 각종 영어 공부 유튜브, 인스타 등등 도움이 될 만한 것들을 찾아다니고, 매일 영어 공부하는 습관을 들이고.. 아주 분주하게 공부를 시작합니다. 그러다가 슬슬 가도가도 끝이 안보이는 공부에 스스로 지쳐 포기하게 됩니다.

이런 영어공부 작심삼일은 많은 사람들에게 자주 반복적으로 일어나서, 매년 마다 한국인의 새해소원은 영어공부라는 웃프지만 현실적인 우스갯소리가 공공연히 인정되고 있습니다.

왜 계속 반복되는 걸까요?

동일한 공부, 동일한 목표가 끊임없이 반복되는 가장 큰 이유는, 기본적으로 두가지 설정이 애매하기 때문입니다.

하나, **정확하지 않은 목표 설정.**

둘, **밑 빠진 독에 물 붓듯 들어가는 영어 INPUT.**

일단, 첫번째로 짚고 넘어갈 정확하지 않은 목표 설정은, 기준을 정량적으로 설정하지 않아서 생기는 애매함입니다.

예를 들면,
"이번 년도에는 영어공부를 열심히 해서 미드를 자막 없이 보겠어!"

혹은,
"내년에는 꼭 영어 공부를 해서 외국에 가면 자유롭게 대화를 할 수 있게 하겠어!"

위의 목표 안에는 정확한 방법과 계획이 없습니다.

잘 생각해 보면, 드라마를 자막 없이 보거나 외국인들과 자연스럽게 말하는 것은 영어를 정말 오랫동안 공부해야 가능한 일입니다. 그들의 언어와 문화를 이해해야만 가능한 수준입니다.

생각보다 간단하지 않습니다.
하지만 그동안 만났던 많은 광고와 학습지와 책들은 누구나, 간단히, 빠른 시간에 할 수 있는 것처럼 말했기에 나도 그들처럼 목표를 잡게 된 것입니다.

지금까지 많은 공부법을 시도했으나 잘 안되었다면, 깊게 생각해 봐야 합니다.

내가 영어를 공부하는 정확한 목표가 무엇인지.

그리고 그 목표를 위해 하루에 얼만큼, 일년에 얼마만큼 시간을 할애할 예정인지를 구체적으로 생각해야 수많은 게으른 마음과 싸워 이겨 목표한 만큼 이룰 수 있습니다.

→ 자 그럼, 다시 생각해 봅니다. 나는 왜? 영어 공부를 하려고 마음먹었을까요?
  궁극적인 목적은 무엇인가요?

	그동안 해왔던 공부 방법	나의 새로운 공부 목표 찾기
누가 ?		예시) 내가
언제 ?		예시) 매일 아침 7~8시 30분
어디서 ?		예시) 집 or 도서관에서
무엇을 ?		예시) 영어 교재명, 시청할 영상 제목 등
어떻게 ?		예시) 정해진 시간 안에 집중듣기, 모르는 문장 찾아 보고 쓰기, 문장 10번 반복 말하기 연습, 여행시 필요한 대화 장면 상상하며 쓰고 말하기 등등
왜 ?		예시) 3개월 후 외국인과 화상통화 가능하게 말하기 연습 5개월 후 하와이 여행시 필요한 대화 가능하게 연습

→ 이제 목표가 정확히 설정되었다면, 그동안 공부했던 방식의 잘 되었던 점과 잘 안되었던 점을 생각해 봅니다. 앞으로 어떻게 학습 방향을 다르게 세워야 할지 정해봅니다.

예시) 그 전에 공부할 땐 영어단어를 반복적으로 썼지만 금방 잊어 버렸다 →)

개선점 : 모르는 단어는 입으로 20번 반복 하여 연습을 하고, 해당 단어를 이용해 새로운 문장을 5개

만들어 보고 기억하는 방식으로 학습한다

목표를 **달성**하기 위해
나에게 **동기부여** 되는
것을 **찾으세요.**

Find what motivated you
to achieve your goals.

- Anonymous-

DAY 4

큰 숲을 만들려면,
일단 나무를 심어야겠지요?

최종적인 목표를 잡기 위해 세부적인 작은 목표를 세웁니다.

★ 어제 내가 세운 영어공부의 궁극적인 목표는,

(누가)	가	(언제)	까지
(어디)	에서	(무엇)	(을)를
		(어떻게)	할 것입니다.

목적을 위와 같이 정리하고, 집중적으로 공부할 분야가 INPUT 인지, OUTPUT 인지 생각해봅니다. Input 은 영어 리딩 (Reading) 과 리스닝(Listening) 이고, Output 은 영어 스피킹과 (Speaking), 라이팅 (Writing) 입니다.

이 부분을 확인하고 넘어가야 하는 이유는, Input과 Output 이 항상 의식적으로 함께 학습돼야 하기 때문입니다.
목적이 원서 자연스럽게 읽고 해석하기라면, 눈으로 읽는 것만이 아닌 책을 듣고, 큰소리로 읽기 연습까지 하는 공부를 해야 합니다.
목적이 원어민과 대화를 하기라면, 말하기에 중점을 두나, 그 말하기를 위해 듣기와 쓰기가 함께 연습되어야 합니다. 언어는 모든 영역이 연결되어 있기에 input과 output이 밸런스를 맞춰 학습돼야 합니다.

요즘 같이 영어 말하기 공부하기 좋은 시대가 또 어디 있나요?

찾아보면 정말 온갖 정보가 다 나오는 정보화시대입니다.
그 정보들을 훌륭하게 활용하는 방법을 다뤄 보겠습니다.

세부계획에는 각자의 다양한 레벨과 목표가 모두 다르니, 아래와 같이 예시를 적어 공부 계획을 세워 봅니다.

★ 빈칸을 자유롭게 채워주세요 🌿

→ 어제 내가 세운 영어공부의 궁극적인 목표는,

김지영	**가**	2022년 5월	**까지**
· 하와이 여행	**에서**	꼭 필요한 여행 영어 말하기	**(을)를**
윤여정님 처럼 원어민과 자연스럽게 대화 할수 있도록 공부			**할 것입니다.**

위의 보여준 예시는 영어 말하기를 목표하였습니다. 그에 따른 나만의 말하기 목표를 계획합니다.

★ 첫 30일 목표 : 여행 영어 말하기 완성 🌿

1일차	2일차	3일차	4일차	5일차
내 이름 말하기	어디서 왔는지	위치 물어보기	음식 주문하기	물건사기

6일차				
화장실 물어보기	**등등 계속 이어 적어 봅니다.**			

이런 예시처럼 여행 영어라고 정했다면, 어떤 상황에 대해 소통할 수 있게 30일 동안 그에 맞는 주제를 정하고, 말하기와 듣기를 반복 연습합니다.

너무 간단하다고 생각하지 마세요.
하루 하나씩 정확히 연습하고 듣는 습관을 들입니다. 대충대충 빨리 넘어가는 것이 목표가 아닙니다.

예를 들면, 1일차에 내 이름 말하기입니다.

내 이름 말하기에도 여러가지 표현이 있습니다.

Hi, My name is Jiyung.
_____

Hello, I am Jiyoung.
_____

Hello, I'm Jiyung.
_____

Hi, My name is Jiyoung but it's hard for some people to pronounce it.
_____

You can call me kim / All my friends call me kim
_____

다양한 표현들을 찾아보고, 정확하게 발음하고, 자연스럽게 대화할 수 있게 천 번 정도 반복해 입에서 익숙하게 만듭니다. 좀 과장해서 천번이라 했지만 정말 그만큼 익숙해질 정도로 계속 연습을 해야 말하기는 늘 수 있습니다. (말하는 만큼 듣기도 끊임없이 반복해야 합니다.)

매일 연습하는 문장들을 하나씩 늘리고, 이들을 연결시켜 한 문단으로 만들면, 어떤 상황이 왔을 때 3~5분 정도 연결하여 대화하기 충분해 집니다.

이 정도면, 원하는 3월에는 하와이에 가서 어느 누구를 만나도 자연스럽게 필요한 정보를 묻는 정도는 할 수 있겠지요?

만약, 리딩이 주 목적이라면 동일한 방식으로 1달에 1프로젝트를 목표하여 그 책을 듣고 따라 읽고 문장의 내용을 파악하는 연습을 합니다. 기존에 공부했던 방식과는 다른 방식으로 학습하는 것을 일부러 인식하여야 합니다.

그렇게 매일 반복적으로 해야 '나의 소유' 가 됩니다.

예전 방식이 틀렸다기보단, 전에 공부했던 방식으로 영어 실력을 늘릴 수 없었다면,
나에게 맞는 더 효과적인 방법을 찾아가야 합니다.

오늘은 세부적인 30일 계획을 적어 봅니다.

써 놓았다고 부담 갖지 마시길 바랍니다. 그날 기분에 따라 다른 것으로 바꿔도 되고, 다른 날짜의 계획과 바꾸어 학습해도 됩니다. 하지만, 일단 30일 기준으로 계획은 만들어 놓습니다. 만들어 놓고 실행하는 것과, 실행하는 그때 그때 만드는 것은 굉장한 차이를 가져옵니다.

나의 첫 30일 목표는..

★ 첫 30일, 어떤 주제를 목표로 하여 학습하고 싶은 가요? 🖋

→ 목표 : _____

1일차	2일차	3일차	4일차	5일차
6일차	7일차	8일차	9일차	10일차
11일차	12일차	13일차	14일차	15일차
16일차	17일차	18일차	19일차	20일차
21일차	22일차	23일차	24일차	25일차
26일차	27일차	28일차	29일차	30일차

→ 이 목표는 '매주 월, 수, 금, 오전 10시~10시 30분까지 하겠다.' 같이 구체적인 실행 시간을 정하고, 그 시간엔 이것에만 집중하겠다 라는 자신의 약속을 적습니다.

_____

_____

_____

_____

목표에 한 걸음 더 다가 가기 위해 **오늘** 무엇을 할 수 있을까요?

What can you do today to bring you one step closer to your goal?

- Anonymous-

DAY 5   나만의 효과적인 영어 공부법 찾기

우리는 모두 다릅니다.
각자 개인들은 당연히 유리한 습득 방식이 있습니다.

이번 시간엔 대학 때 수료한 TEFLE 교육과정에 있던, 사람마다 배움을 습득하는 방식이 다르다는 이론을 간단히 설명합니다.

사람들은 우리가 가지고 있는 감각 중 가장 효율적으로 사용할 수 있는 감각을 이용하여 배우는 것을 선호한다고 하는데요, 그 감각은 흔히 알고 있는 시각, 청각, 촉각, 후각, 미각입니다.

주변에 후각이 민감한 사람들이 있습니다. 그런 분들은 후각으로 장소나 사람을 기억하는 것의 처리속도가 빠르고 효율적이라 합니다. 이런 자신이 가지고 있는 우월한 감각을 통해 학습할 때 어떻게 더 유리하게 습득할지를 고민하여 더 익숙한 쪽으로 기억하고 저장한다고 합니다.

영어공부를 할 때는 후각, 미각으로는 할 수 없으니, 그 두 감각을 제외하고 시각, 청각, 촉각 중 가장 유리한 방식을 택하여 습득하는 것이 좋다고 하는데요, **나의 유리한 습득방식은 무엇인지 관찰해 보고 그에 따라 학습을 더 확장해 나갈 수 있는 방법을 생각해 봅니다.**

우리나라 사람들은 특히 다른 사람들이 하는 방식을 그대로 나에게 적용하려 애쓰는 경향이 많습니다.

영어로 소통을 원활하게 하는 저에게 가장 먼저 오는 질문은 이것입니다.

어떻게 공부 했어?	아마 우리나라 공부 환경, 모두에게 주어진 획일적인 공부 환경에 동일한 결과가 나올 수 있다는 믿음에서 나온 질문이라고 생각합니다.

앞에서 말했듯이 모든 사람들이 새로운 것을 습득하는 방식은 아주 많이 다릅니다.
이론적으로는 저렇게 분류해 놨지만 저거 말고도 아주 다양한 각자의 학습 능력이 있을것 입니다. 이 이론은 예시로 참고만 하여 내 학습 능력을 관찰하는 것에 집중을 해 봅시다.

예를 들어, 저는 청각보다 시각적인 자극을 좀 더 빨리 캐치합니다. 뭐든 눈 앞에서 읽고 봐야 이해가 좀 더 빠릅니다. 반면에 저희 아이들은 청각적으로 듣고 습득하는 것을 잘합니다. 한번 들은 단어나 들은 소리나 음절을 기억하여 글과 그림으로 표현할 수 있습니다. 저도 할 수는 있지만 처리 과정이 느립니다.

중요한 건, 할 수 있다, 없다 가 아닌, 어떤 방법이 처리속도가 빠르냐 입니다.

지금까지 설명한 감각을 이용한 습득 방식은 아주 작은 학습방법에 불과합니다. 영어공부의 성공을 위해 나를 관찰하는 아주 작은 부분입니다. 이를 시작으로, 나를 관찰하고 성향과 속도를 파악하여 그에 맞는 공부 방법을 찾아봅니다.

아직 어떻게 공부해야 할지 모르겠는 그대를 위한 연습문제!!

"자기주도학습" 은 말 그대로 "혼자 목표하고 계획하는 공부"입니다.
이를 위해선 "나 자신"을 제일 먼저 알아야 합니다.

이 부분이 잘 되어 있어야 "나를 위한 공부"도 "내 아이를 위한 공부"도 되는 것입니다.
그럼, 이제 내가 잘하는 학습이 무엇이었는지 생각하면서 아래에 적어봅니다.

잘했던 과목, 좋아했던 공부는?	
왜 잘 할수 있었을 까요?	
영어 공부에 적용해 봅시다. 어떻게 영어공부에 적용할 수 있을까요?	
학습을 할 때 내가 가장 자신 있는 것은 무엇인가요? 그리고 그 장점을 어떻게 발휘할 수 있을까요?	
학습을 할 때 내가 가장 자신 없는 것은 무엇인가요? 그리고 그 단점을 어떻게 극복할 수 있을까요?	

"이유"를 찾으면 "어떻게"를
달성할 수 있는 방법을
찾을 수 있습니다.

Find your "Why"
then you will find a way
to achieve the "How".

- Anonymous-

DAY 6

미드로 영어공부를
시작할까요?

지루한 영어를 재밌게 공부하기 위한 하나의 방법인 미드 시청은 나에게
가장 최적화된 방법인지 생각해 봅니다.

귀가 트이는 미드, 원어민이 쓰는 영어 표현 미드에서 찾기, 미드 표현 공부하기 등등,
한번쯤은 들어본 영어 공부법들 입니다.

이 방법들은 많은 분들이 선택한 영어 공부의 하나인 것이지, 모든 사람들이 미드와 공부할 수 있는 것은 아닙니다. 개인적으로 드라마
시청하는 것에 별로 재미를 느끼지 않는 저 같은 사람도 있으니깐요.^^;; 각자의 재밌는 방식을 찾아 공부해야 하는 것인데, 그 중에 하나가
미드인 것일 뿐입니다.

우리는 영어공부 하기 최적화된 환경에 살고 있음에도 불구하고, 영어 공부는 아직도 예전 방식과 비슷하게 공부 합니다. 예전 방식이
익숙해져 있기 때문에 익숙한 것을 자연스럽게 선택하는 것 입니다.
<u>이번 기회에 "자기가 좋아하는 것을 주도적으로 찾아 학습하는 방법"을 찾아 봅니다.</u>

언어가 살아가는 환경에 따라 바뀌듯, 우리가 공부하는 재료도 바뀐 환경에 업데이트되어야 합니다.

2021년에 발맞춰 좀 더 업데이트된 영어 프로그램을 고르는 방법!!

(주의 : 업데이트된 영어 프로그램을 고르기는 정말 너무너무 쉬워서 알고 나면 깜짝 놀라실 것입니다!!!)

> 1. 일단 세계최고 많은 영상이 담겨 있는 유튜브 라는 웹사이트에 들어갑니다.
> 2. 검색창에 자신이 좋아하는 취미나 알고 싶은 주제, 보고 싶은 주제를 "영어로" 검색해 봅니다. 여기서 최대한 아주 구체적으로
>   좋아하는 주제의 키워드를 넣는 것이 중요한데, 처음에는 일단 간단하게 FOOD 라고 칩니다. 그럼 관련 영상이 나옵니다.
>   그 영상 중 내가 좋아하는 영상이 있으면 그것에 쓰여진 제목을 확인하여 키워드로 서치해 봅니다.

예) 인생 동기 부여 영상을 찾아보시려면, Motivation, motivated speech, 어떤 방법을 찾으려면 How to.. 를 이용하여,
　　How to take impressive pictures, How to make pasta in 5mins. 이렇게요.

밑에는 유튜브에 찾아볼 수 있는 다양한 검색어들입니다.
각자의 흥미와 취미에 맞게 한번 찾아보세요.

우리가 알고 있듯이 유튜브 영상은, 미리 스크립트를 짜고, 깨끗하게 전달하기 위해 천천히 말을 합니다. 현실 말하기 보다는 속도가 느립니다. **1.25~1.5배 정도는 들어야 현실 원어민 말하는 속도와 비슷하다고 보시면 됩니다.** 나중에 영상이 익숙해지면 1.5배로 들어보세요.

★ 채널을 듣고 기록하는 습관을 만들자! ✨

→ 아래와 같이 기록하고 공부해 봅니다

날짜	선택채널	청취한 영상 제목	배운 단어, 문장, 표현
예시) 1월 25일	Andy Mumford	Landscape photography — 7 most important things I've learned	Handful things = 손에 잡힐 수 있는 작은 것들, 작지만 진짜 중요한 팁을 준다 라고 하는 뉘앙스로 씀.

Tips : 그 영상들이 익숙해지면, 유튜브 영상을 1.5배속으로 들어봅니다.

아무도 당신을 위하지
않을 것 입니다.
스스로를 밀어 붙이세요.

Push yourself because no one
else is going to do it for you.

- Anonymous-

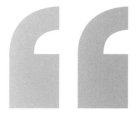

DAY 7

영어이름, 영어 잘하는
캐릭터로, 부캐 만들기

영어 공부를 시작할 때, 항상 영어 이름 만들기를 추천합니다.
일종의 부캐처럼요.

'이름'의 사전적 의미:
다른 것과 구별하기 위하여 사물, 단체, 현상 따위에 붙여서 부르는 말.

이름은 그 고유의 의미뿐 아니라 문화도 함께 담겨 있습니다. 그렇기에, 영어 이름을 쓰고 영어로 커뮤니케이션하는 "나"는 한국말을 하는 "나"와 분리된 캐릭터로 만들 수 있습니다.

예를 들면,

저보다 나이 드신 분들에게 "친구"란 호칭을 쓸 수 없는 것이 한국문화이지만,
미국에서는 60대 할머니도, 10대 남자 친구도 '친구'라는 호칭으로 격의 없이 지낼 수 있습니다. 아마 한국이름을 가진 '나'라면 60대 할머니에게 You 라든지, Friend 라든지의 단어를 쓰는 것을 꺼릴 것입니다. 하지만, 미국이름의 '나'는 전혀 꺼려지지 않습니다.

즉, 문화를 분리시켜 행동하는 것이 심적으로 수월합니다. 영어를 언어로 공부할 때 최적화하기 위한 첫번째 단계를 영어 이름을 나에게 지어주어 또 다른 '나' 의 존재를 만듭니다. (영어권 국가에서의 "나")

우리나라의 문화를 덜어낸 영어권 국가의 "나"는 가볍고 홀가분 합니다.
제가 미국에 가서 미국 이름으로 불리면, 왠지 한국의 문화라는 옷을 벗어 버리고
미국의 옷을 입고 지낸다는 상상을 하며 그들의 문화에 빠져듭니다.

저는 좀 극단적으로 표현했다고 할 수 있으나, 이런 느낌의 부캐를 추천드립니다.

영어 공부, 영미 문화를 익히는데 아주 많은 도움이 되며, 학습에 재미를 붙이는 방식이 됩니다. 평소에 좋아했던 배우나, 닮고 싶었던 유명인사, 혹은 평소 불리고 싶었던 영어 이름이 있으면 하나씩 생각해봅니다.

그럼 이제 이름을 지어 볼까요?

남자, 여자 이름과 캐릭터 정도를 정리해 보았습니다.

여기서 참고해서 골라 봐도 되고, 구글검색, 자신이 좋아하는 배우의 이름 등 원하는 이름을 검색합니다.

(tip: 구글로 "best names for babies"하면 리스트를 찾아볼 수 있습니다.)

추천 남자 이름	이름의 의미	추천 여자 이름	이름의 의미
Lucas (루카스)	하느님의 선물	Sophia (소피아)	현명한
Liam (리암)	강한 의지의 전사	Isabelle (이사벨)	아름다운 신의 아이
Oliver (올리버)	올리브 나무	Mia (미아)	아름다운 나
Mason (메이슨)	강함	Luna (루나)	달
Benjamin (벤자민)	하느님의 아들	Harper (하퍼)	하느님의 선물
Leo (레오)	사자	Ella (엘라)	아름다운 공주
Luke (루크)	빛	Emily (에밀리)	친절하고 상냥한

위의 표는 예시입니다. 더 많은 정보는 구글 서치를 이용해 보세요. ^^

★ 첫번째 캐릭터를 적어 보세요. •

나의 영어 이름은 _____ 입니다.

이 캐릭터의 사는 곳은 _____ 머리색은 _____

피부색은 _____ 생김새는 _____

이 캐릭터의 성격은 _____

_____

이 캐릭터의 장점과 특이점은

_____

_____

★ 두번째 캐릭터를 적어 보세요. •

나의 영어 이름은 _____ 입니다.

이 캐릭터의 사는 곳은 _____ 머리색은 _____

피부색은 _____ 생김새는 _____

이 캐릭터의 성격은 _____

_____

이 캐릭터의 장점과 특이점은

_____

이제 캐릭터 설정을 잡았으면, 그 캐릭터와 비슷한 사람을 찾아볼 수 있습니다. 그 사람의 느낌과 억양, 발음, 영어를 말할 때 제스쳐 등을 관찰하고 모방하여 따라 말하기 하는 것도 재밌는 영어 공부 입니다.

나에게 맞는 이런저런 방법들을 찾아보는 것에서 시작하여야 영어 공부에 재미를 들일 수 있으니, 재밌게 찾아보고 적어 보세요.
(Tip: 내가 정한 이름을 구글에서 찾아보면 동명이인들을 만나 볼 수 있습니다.)

내가 찾은 동일한 이름과 느낌의 사람들

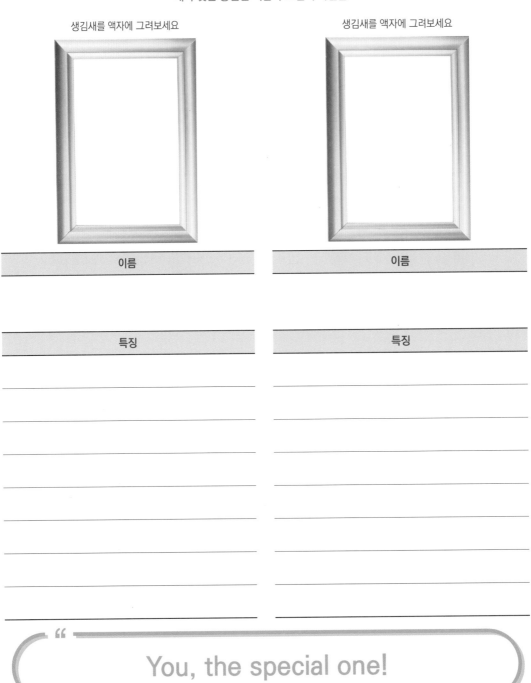

생김새를 액자에 그려보세요   생김새를 액자에 그려보세요

이름   이름

특징   특징

You, the special one!

DAY 8

영어 공부의 시작,
발음기호부터 살펴보자

발음기호는 영어 제대로 읽기의 시작입니다.

참 운이 좋았던 것이, 중학교 들어가기 전, 겨울방학. 아버지와 영어 공부를 처음 하였는데, 그때 가장 먼저 학습 했던 것이 발음기호의
정확한 발음법이었습니다.

그때 배운 발음기호들은 25년이 지난 지금도 동일하게 활용하며 아직도 모르는 단어는 발음기호부터 읽어 내려갑니다. 한번 잘 익혀
두면 그 후부터 영어 학습에 훨씬 수월하고 자신감이 생깁니다.

발음기호는 혀와 입모양을 어떻게 만들어야 하는지 알려 줍니다.
늦었다고 생각하지 마시고, 발음기호를 익히며 꼭 거울을 보면서 발음 연습을 해보세요!

★ 아래 그림 속 입모양을 보며 연습해 보세요

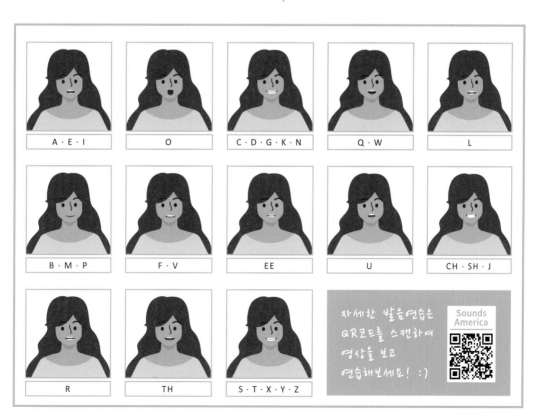

No.	1	2	3	4	5	6
발음 기호	[ɑ]	[aɪ]	[aʊ]	[i]	[ɪ]	[eɪ]
소리	아	아이	아우	이	이-	에이
연습 단어	GOT TOP WANT	CHILD HI SKY	HOW NOW OUT	EACH SEE KEY	BIG GYM ENGLISH	MAKE TAKE DAY
Memo	다른 모음과 혼동하기 쉬운 발음	이중모음이라 두 모음을 연이어 발음	이중모음이라 두 모음을 연이어 발음	미국 영어 중 3번째로 많이 사용하는 발음	미국 영어 중 2번째로 많이 사용하는 발음이라 중요하게 연습해야 함.	보통 A 를 발음할 때 사용

No.	7	8	9	10	11	12
발음 기호	[ɛ]	[æ]	[ə]	[ʌ]	[u:]	[ʊ]
소리	에	애	어	어	우-	우
연습 단어	GET HEAD MANY	AT HALF MAN	ABOVE PERSON PARENT	BUT COME YOUNG	RULE TOO DO	PUSH BOOK WOLF
Memo	92%가 알파벳 e 로 표기됨.	영어 특유의 소리로 대부분의 언어에는 이 발음이 없음.	미국 영어 중 2번째로 많이 사용하는 발음이라 중요하게 연습해야 함.	이 발음은 세계에서 5%에 해당하는 나라들에게만 존재하는 발음	긴장하며 발음해야 함.	전세계 언어발음의 20%미만에 존재함.

No.	13	14	15	16	17	18
발음 기호	[oʊ]	[ɔ:]	[ɔɪ]	[ɝ]	[ɚ]	[ɪr]
소리	오	오	오이	어(얼)	어-(얼)	이(일)
연습 단어	SO SNOW COAT	OFF CAUSE ALL	OIL TOY COIN	GIRL HER LEARN	ENTER COLOR DOLLAR	HERE CLEAR DEAR
Memo	소리를 쉽게 구분할 수 있음.	많은 분들이 어려워하고 잘못 발음함.	이중모음이라 두 모음을 연이어 발음	r의 동반 모음	r의 동반 모음	r의 동반 모음

No.	19	20	21	22	23	24
발음 기호	[ɛr]	[ɑr]	[ɔr]	[aɪr]	[p]	[b]
소리	어(얼)	아-(알)	오-(올)	이어(얼)	ㅍ	ㅂ
연습 단어	THERE BEAR SHARE	PARK ART HEART	FOUR ORANGE PORT	HIRE WIRE LIAR	PLAY CUP PAPER	BILL CAB BABY
Memo	r의 동반모음, 어려운 발음	r의 동반모음	모국어가 영어가 아닌 사람들에게 어려운 발음	3개 발음이 합쳐 있어 발음이 어려움	쉬워 보이지만 위치에 따라 발음이 다른 것에 신경써 연습함.	쉬워도 정확히 따라하는 연습을 해야 함.

43

No.	25	26	27	28	29	30
발음 기호	[t]	[t̬]	[ʔ]	[d]	[k]	[g]
소리	ㅌ	ㅌ(ㄹ)	ㅌ	ㄷ	ㅋ	ㄱ
연습 단어	TIME CAT STOP	CITY BUTTER TITLE	SATIN COTTON KITTEN	DOLL BIRD DAD	KING CAN LACK	GOOD DOG FORGET
Memo	폐쇄음 (공기를 내뱉는 듯한 소리)으로 발음	ㅌ 같은 발음이지만 ㄹ 발음에 더 가까운 발음	영어에 이 발음이 많이 나오진 않지만 이 발음이 잘되면 미국 영어를 하는 느낌이 강해짐.	폐쇄음 (공기를 내뱉는 듯한 소리)으로 발음	쉬워보이나 ㅋ와는 살짝 다른 발음	폐쇄음 (공기를 내뱉는 듯한 소리)으로 발음

No.	31	32	33	34	35	36
발음 기호	[f]	[v]	[θ]	[ð]	[s]	[z]
소리	ㅍ	ㅂ	ㅆ	ㄷ	ㅅ	ㅈ
연습 단어	FINE PHONE COFFEE	VOICE FIVE NEVER	THANK BATH THREE	THAN THERE OTHER	SLEEP PLACE DRESS	ZEBRA ROSE MUSIC
Memo	마찰음 (공기를 부분적으로 막는 소리)으로 발음	마찰음 (공기를 부분적으로 막는 소리)으로 발음	영어 외에는 거의 없는 소리라 어려울 수 있음.	전세계 언어 10% 정도만 존재하는 발음	마찰음 (공기를 부분적으로 막는 소리)으로 발음	마찰음 (공기를 부분적으로 막는 소리)으로 발음

No.	37	38	39	40	41	42
발음 기호	[ʃ]	[ʒ]	[h]	[tʃ]	[dʒ]	[r]
소리	쉬	ㅈ	ㅎ	ㅊ	ㅈ	ㄹ
연습 단어	SHIP CASH OPTION	MEASURE USUAL BEIGE	HEAD WHO PERHAPS	CHILD COACH NATURE	GYM JUDGE JUNE	READ TREE FROM
Memo	마찰음 (공기를 부분적으로 막는 소리)으로 발음	영어에 거의 없는 발음이나 한 번 연습은 거쳐야 함	마찰음 (공기를 부분적으로 막는 소리)으로 발음	쉬워 보이지만 미세한 차이를 주목하여 연습	파열음 (공기가 폐쇄당했다 터져 나오는 소리)으로 발음	ㄹ 발음이나 미세한 차이에 주의

No.	43	44	45	46	47	48
발음 기호	[l]	[l]	[w]	[j]	[n]	[m]
소리	ㄹ	ㄹ	우	이	ㄴ	ㅁ
연습 단어	LOW WORLD LIKE	TOOL GOLD FULL	WELL QUICK WORK	YEAR YOUR HUE	NOW OPEN NINE	MAKE ROOM SMILE
Memo	ㄹ 발음이나 미세한 차이에 주의	ㄹ 발음이나 미세한 차이에 주의	반자음 = 반모음 미세한 차이를 주목 하여 연습	반자음 = 반모음 미세한 차이를 주목 하여 연습	코에 바람을 내뿜으며 발음	입술을 다물고 발음

No.	49
발음 기호	[ŋ]
소리	ㅇ
연습 단어	SING LONG BANK
Memo	코 비음을 이용하여 발음

QR코드를 스캔하여 영상을 보고 자세한 발음을 연습해보세요! :)

Sounds America

거울 앞에서 연습하는 습관 들이기

훈련이
완벽을 만든다.

Practice makes perfect.
- English proverb -

❝❝ DAY 9 영어 골고루 씹어 먹자!

교재에 있는 내용을 공부할 때 모든 영역을 골고루 씹어 먹는 학습 습관을
갖도록 연습합니다

우리나라 영어 공부의 가장 높은 비중을 차지하는 것은 리딩 입니다.
시험성적, 대학입학, 승진시험 등의 기준을 매길 때 가장 수월한 것이 "리딩과 문법" 이기 때문입니다.

그러기에 시험을 본격적으로 보기 시작하는 중학교 1학년때 부터 영어 공부는 "리딩과 문법"에 치중 되는데, 그 익숙함에 성인이 되어도, 영어 공부를 다시 시작할 때 리딩, 문법부터 하는 분들이 많아 아쉬운 마음에 쓴 차시입니다.

일반적으로 사람들이 <u>"저 사람 영어 잘해!" 라고 했을 때, 그 기준은 영어로 소통이 가능하냐, 안 하냐</u>로 나누어집니다.
그 말은,

"영어 잘하기= 영어 말하기"이고,
이 글을 읽고 계신 여러분도 이에 해당하는 목표를 세우고 있을 것이라고 생각합니다.

답은 정해져 있습니다.
말하기를 잘하려면, 말하기를 반복 연습해야 합니다.

앵무새처럼 말을 따라 하여 말하기 연습을 할 수도 있지만,
제일 중요한 것은 "나의 생각과 느낌을 표현할 수 있다."는 것입니다. 이는 영어로 생각하기와 긴밀히 연결됩니다.

'영어로 생각하기' 를 하려면 오랫동안 영어와 익숙해져야 하는데, 이에 맞는 반복적인 영어 훈련을 계획해야 합니다.

영어 말하기 훈련을 위한 가이드 :

① 집에 놀고 있는 영어 공부 책을 꺼낸다.
② 부록으로 듣기가 제공되어 있는지 살펴 본다.
③ 영어 본문을 듣고 큰소리로 따라 읽는다.
④ 안 보고 말할 수 있을 때 까지 반복한다.

사실, 공부를 할 때, 정말 고급 영어를 구사하시는 것이 아니라면 어떤 교재를 쓰느냐가 그리 중요하지 않습니다. 시중에 나와있는 대부분의 교재들은 다 잘 만들어졌습니다. 다만 그 교재들의 활용을 제대로 하는 것이 중요합니다.

그 교재에 나와있는 대화 구문을 듣고, 읽고, 큰소리로 말하고,
그 문장을 내 것으로 만들어 안 보고 쓸 줄 알아야 합니다.

교재 새로 사지 마세요. 집에 있는 교재를 150% 활용하시는 것을 추천합니다. .
교재에 있는 내용을 공부할 때 모든 영역을 골고루 씹어 먹는 학습 습관을 갖도록 연습합니다.

★ 익숙하기 전까지 의식적으로 확인하며 공부 하는 방법

오늘 공부한 문장이나 문구 적기	듣기	큰소리 따라 읽기	안보고 말하기	내 문장으로 써보기
예시) Today, I am going to go to library to check out some new books.	15번	10번	10번	5번

DAY 10 영어 잘해 보이는 3요소 i

1편 발음 : 진짜 영어 잘하는 사람들은 알고있다.

발음은 한국사람들이 항상 신경 쓰는 첫번째 요소 입니다. 영어를 공부할 때면 항상 **'발음'**에 유의하며 말하기 연습을 하라고 합니다.

> **'발음'**은 그 사람이 영어를 얼마나 정확하게 공부를 하고 있느냐를 알려 주는 지표이기도 합니다. 많이 들어야 그만큼 정확히 발음할 수 있기 때문입니다.
> 8일차에서 공부했던 발음기호, 9일차에 말했던 영어 편식하지 않기를 반복적으로 공부한다면 발음은 짧은 시간 내에 좋아질 것 입니다.

닮고 싶은 말하기 스타일이 있다면 그 사람의 영상이나 강의를 꾸준히 듣는 것이 좋습니다.
단, 한국사람들이나 한국에서 활동하는 영어 강사 말고, 영어 원어민들 중 말을 잘 전달하는 사람들이 좋습니다. 특히 토크쇼의 진행자들은 말의 전달력, 발음, 악센트 등 가장 대중적이고 속도도 적당하여 따라 하기 좋습니다.

예를 들면,저는 미국 토크쇼 진행자 중 엘렌 드제네러스라는 사람을 좋아합니다. 그녀의 말투에는 당당함과 자신감이 나타나며 청중을 휘어잡는 카리스마도 느낄 수 있습니다. (물론 발음, 악센트 인토네이션 제 귀에 듣기 좋습니다.) 또, 요즘 핫한 제임스 코든도 좋아합니다. 영국식 고급진 발음과 위트를 가지고 있는 그가 진행하는 쇼를 보고 있으면 그의 사랑스러움에 한껏 미소를 지을 수 있기 때문입니다.

아래 토크쇼 진행자들은 현재 영어권문화에서 인정받고 있는 사람들입니다.
아래의 리스트를 확인하여, 내 귀에 깨끗하고 전달력 좋은 발음을 찾아봅니다.

영어 표기	한글 표기	한글 표기
Graham Norton	그레이엄 노턴	**영국의 BBC 대표적인 토크쇼 진행자** 상대를 잘 배려하는 젠틀한 의견 제시와 공감, 게스트의 의견을 경청하는 것이 특징
Conan O:Brien	코난 오브라이언	**미국의 TBS 대표적인 토크쇼 진행자** 굉장히 스마트하고 고급진 코메디, 자신을 변태로 만들고 성적인 이야기로 사람들을 웃김. 속도감있고 재치있는 애드립이 특징
Seth Meyers	세스 마이어스	**미국 NBC 대표 토크쇼 진행자** 차분하며 딕션도 좋고 말하는 속도도 적당하여 듣기 편안함. 정치 코메디가 특징

영어 표기	한글 표기	한글 표기
Jimmy Kimmel	지니 키멜	**미국 ABC 토크쇼 진행자** 생각없이 발언하는 주제들이 많아 자극적이고, 호불호가 갈림.
James Corden	제임스 코든	**영국인이나 미국 CBS 토크쇼 진행자** 유명한 코너로 가수들과 함께 운전하며 노래를 부르는 Carpool Karaoke 가 있음. 우리나라에도 많이 알려져 있고, 방탄소년단도 출연한 적이 있음. 귀여운 영어 악센트와 재밌는 리액션이 특징. 후발주자임에 불구하고 미국인들의 많은 인기를 가지고 있음.
Ellen DeGeneres	엘렌 드제네러스	**오프라 윈프리 백인버젼이라는 여성 토크쇼 계보를 이어가며 많은 미국인들에게 사랑받은 토크쇼의 진행자** 낮 시간대 방송이어서 주로 여성들과 아이들이 많이 시청하며, 가볍고 무난하며 재밌는 개그가 특징. 2020년부터 이중적인 그녀의 성격 논란에 더 이상 쇼는 진행되지 않지만, 미국에서 여성 토크쇼의 한 획을 그은 쇼를 진행했음은 사실.
Jimmy fallon	지미 팰런	**미국의 NBC 4대 토크쇼 진행자 중 1명** 최근에 오징어게임 출연자들의 출연으로 한국에 알려졌음. 정치발언을 안하는 무난한 진행으로 게스트들의 의견을 경청하고 특별하게 대우해 주는 젠틀한 태도가 좋아 보임. 다양한 표정과 과한 리액션 등이 특징.
Ophrah winfrey	오프라 윈프리	**전세계 가장 유명한 여성 토크쇼 진행자라고 해도 과언이 아닐 정도로 유명한 인물** 현재는 토크쇼를 진행하진 않지만, 그 전 영상을 보며 그녀가 얼마나 따뜻하고 오픈마인드로 사람들 하나하나를 대하려는지 느낄 수 있음. 편안하면서도 쉬운 단어 사용과 느긋한 속도의 진행력으로 많은 사람들의 공감과 사랑을 이끌어냄이 특징.

내가 자주 찾아 들어 볼 진행자는 :

_____ 이다.

얼마나 잘하느냐가 아닌,
얼마나 잘하고 싶은가
입니다.

It's not how good you are.
It's how good you want to be.

- Paul Arden -

Date :   Time :

DAY 11

영어 잘해 보이는 3요소 ii

2편 액센트 : 진짜 영어 잘하는 사람들은 알고있다.

발음, 액센트와 같은 요소들은 말할 때 눈에 보이지 않지만 귀로 들으면 확연히 다르게 느껴지는 요소입니다.

액센트는 보통 어느 지역에서 왔는지 사람들이 느낄 수 있는 억양, 강세입니다. 이 강세에 따라 사람들의 "인상"이 달라지게 됩니다.

바꿔 말하면, 우리나라 사람들이 '원어민처럼 말하고 싶다면 원어민과 같은 액센트를 따라 말하면 된다.'라는 것입니다.

액센트는 크게 두가지로 나눌 수 있는데,
전체적인 지역적 특색이 묻어 있는 액센트와 문장을 말할 때 마디마디 살아있는 강,약세입니다.

원어민들의 발음과 악센트에 주의를 기울여 듣고 따라 말하기를 반복하다 보면 자연스럽게 입에 익숙해집니다. 의식하여 듣기 연습을 합니다.

55

미국에서는 크게 남부 액센트, 뉴욕커, 보스터니안, 캘리포니아, 하와이안 액센트가 있습니다. 액센트를 들을 수 있는 대표적인 배우들의 평소 인터뷰나 토크쇼 같은 자연스러운 말하기를 할 때 어떻게 다른지 듣고 비교해 봅니다.
(예시를 위해 미국 지역의 액센트를 구분하였지만 나라별, 각 나라의 도시별 액센트를 따로 찾아보는 것도 추천드립니다.)

다양한 액센트	대표 배우	특징
남부 액센트	Sandra Bullock (산드라 블록) Dakota Fanning (다코타패닝) Morgan Freeman (모건 프리먼) Julia Roberts (줄리아 로버츠) Reese Witherspoon (리즈 위더스푼)	
뉴욕커 액센트	Jimmy Fallon (지미 팰런) Christina Aguilera (크리스티나 아길레라) Mark Zuckerberg (마크 저커버그) Tom Cruise (톰 크루즈)	
보스터니안 액센트	Ben Affleck (벤 애플렉) Matt Damon (맷 데이먼) Conan O'Brien (코난 오브라이언)	
영국 액센트	Johnny Depp (조니 뎁) Renee Zellweger (르네 젤위거) Gwyneth Paltrow (기네스 펠트로) Meryl Streep (메릴 스트립) Anne Hathaway (앤 헤서웨이)	
아일랜드 액센트	Liam Neeson (리암 닐슨) Colin Farrell (콜린 퍼렐) Pierce brosnan (피어스 브로스넌)	
호주 액센트	CHRIS HEMSWORTH (크리스 헴스워스) LIAM HEMSWORTH (리암 헴스워스) NICOLE KIDMAN (니콜 키드먼) HUGH JACKMAN (휴 잭맨) CATE BLANCHETT (케이트 블란쳇)	

"Accent, a syllable stands out from the others.
What's yours?"

알면 알수록 재있는 영어 학습

배움을 멈추지 마세요!

Never stop learning!
- Elisabeth Rohn-

❝ DAY12 영어 잘해 보이는 3요소 iii

3편 인토네이션 : 진짜 영어 잘하는 사람들은 알고 있다.

발음, 액센트, 인토네이션, 3요소 중 제가 가장 중요하다고 생각하는 것이 인토네이션입니다. 발음과 액센트는 반복적으로 듣고 발음 기호를 정확히 읽는 연습을 하면 금방 익숙해지지만, **인토네이션은 타고난 언어의 소리, 음높이이기 때문입니다.**

아마 한번쯤은 들어 보셨을 겁니다. 한글과 영어의 주파수 자체가 다르다는 말. 음역대가 다르다는 말인즉, 목소리 톤과는 관계없이 음역대의 높낮이가 다르다는 것입니다. 타고난 음역대를 완전히 바꿀 수는 없지만 따라 할 수는 있습니다. 이 또한 발음, 액센트와 마찬가지로 끊임없이 반복하며 듣고 따라 해야 자연스럽게 내 것이 되는 요소입니다.

우리가 흔히 영어를 잘 한다고 말하는 사람들의 대부분은 이 인토네이션의 자연스러움이 잘 형성되어 있습니다. 같은 문장을 구사해도 듣는 사람은 현저히 다른 느낌을 주기 때문입니다.

59

소리의 높고 낮음을 나타내는 인토네이션.
원어민들의 말을 들을 때 이 그림을 생각하며 듣기 연습을 하시면 좋습니다.

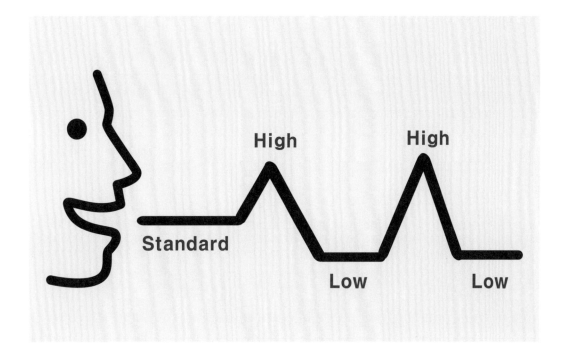

★ 책의 한 문단 정도를 읽어보며 녹음한 후, 자신의 상태를 관찰합니다. 🌿

NOTE
액센트, 인토네이션, 발음 3 요소 중 자신이 가장 취약한 부분은 무엇인가요?

★ 취약한 부분의 학습 보충을 위해 그가 가진 특징들을 적어 본 후 비슷한 느낌으로 따라 말하기를 연습합니다. 🌿

가장 좋아하는 발음과 억양을 가진 사람은 _____ 이다.

닮고 싶은 말하기를 가진 사람	
참고한 영상	
발음, 액센트, 인토네이션의 특징	
기타 특징	

커뮤니케이션의 가장 **중요한 요소**는 말하는 것이 아닌 **듣는 것**이다.

The most important thing in communication is to hear what isn't being said.

- Peter drucker-

❝ DAY13 영린이의 흔한 편견 TOP3

영린이들이 쉽게 가지고 있는 영어에 대한 편견을 담았습니다.

---

1. 영어 표현력을 많이 알아야 영어가 는다?

흔히, 사람들은 자신이 영어로 어떤 것을 전달하지 못하는 이유를 "**단어**"가 부족하여, 혹은 "**표현**"을 알지 못해서라고 생각합니다. 한번 아는 영어 단어를 쭉 적어 보시면 생각보다 내가 아는 단어가 굉장히 많다는 것을 알 수 있습니다. 여행에 가서 사용하는 영단어는 300~600개 정도면 충분하다고 합니다. 그런데 왜 나는 여행을 가도 영어가 불편할까요?

아마 앞서 얘기했던 이유들 때문일 것입니다.

그렇다면, 왜 사람들은 표현을 외우고 익히는 것일까요?

63

"영어 단어와 표현"은 내가 말하고 싶은 표현이나 감정을 좀 더 고급지고 찰떡같이 전달하고 싶은 분들이 공부하는 것입니다.

예를 들면,

I like a dog라고 간단한 문장을 말할 수 있지만, 이것을 좀 더 원어민적인 표현으로 바꾸자면,
I am a dog lover, or I am a dog person 이라고 할 수 있는 것입니다.

하지만 I like a dog 이란 문장 자체를 입밖으로 내지 못한다면 표현을 외우는 것이 필요할까요, 아니면 문장을 자연스레 입밖으로 말하는 것이 필요할까요?

2. 말을 빨리하는 사람이 영어를 잘한다?

말이 빨라야 영어를 잘한다고 생각하는 사람들이 대부분입니다. 왜냐면, TV 에서 영어로 말하는 사람들의 영어가 안 들리는 건, 그들이 말을 빨리 해서라는 편견이 있기 때문입니다. 사실, 원어민들이 말을 빨리하기도 하지만, 말을 느리게 하는 사람들도 있습니다. 그들의 속도보다는 앞서 말한 액센트, 인토네이션, 발음에 집중해 보시기 바랍니다.

그럼에도 불구하고 초보자들이 영어 말하기를 빠른 시간 안에 성취했다고 보여주기 위해 하는 가장 큰 실수가 남들이 알아듣지 못하게 빠른 속도의 영어 말하기를 하는 것입니다.

하지만, 발음, 액센트, 인토네이션이 안된 빠른 말하기는 수월한 커뮤니케이션이 가능할까요?

이 학습지를 함께 하고 계신 분들에게는 이런 실수가 없었으면 합니다.

3. 언어와 문화는 전혀 다른 별개이다?

이미 앞에서 영어 이름만들기 파트에서 이야기했듯, 언어는 문화와 공존합니다. 영어를 더 깊이 있게 공부하기 위해서는 그들의 문화를 이해하는 것이 동반되어야 합니다.

그들의 문화를 완전히 이해하지는 않아도, 이런 상황에서는 이렇게 하는구나… 를 알아 두어야 적절하게 대화와 리액션이 가능합니다. 우리나라 말을 잘하는 외국인들도, 우리나라의 문화를 이해하고 받아들였기 때문에 수준급의 한국어를 구사할 수 있는 것입니다. 외국어를 잘하는 사람들을 한번 잘 관찰해 보면 이 부분이 금방 눈에 띌 것입니다.

> '오픈마인드' 라는 말을 아시나요?
> 언제나 정보를 입력할 때 사고가 열려 있는, 개방적인, 편협하지 않은 마인드를 말합니다.

언어를 배울 때, 세계인이 되고자 하는 사람들에게는 특히 이런 마인드가 굉장히 중요하다는 것을 알아 두셨으면 합니다.

DAY 14

좋아하는 노래를
외워 부르자

언어로 감정을 담은 서정적인 노래 외우기는
최고의 영어공부 방법입니다.

노래는 사람의 감정이나 생각의 표현을 함축적으로 멜로디를 붙여 말하는 언어입니다. 감정뿐 아니라 그 시대의 사회적인 분위기도 반영하고 있어 언제나 언어를 공부할 때 좋은 도구가 됩니다.

사람들이 영어권 사회를 어떻게 반영하고 있는지, 사람들과의 관계는 어떻게 묘사 하는지, 사랑할 땐 어떤 단어를 활용하여 표현하는지, 반면에 헤어지고 슬플 때는 어떤 문구로 그 아픔을 노래하는지에 대해 영어로 이해하고 공감하기 수월한 방법입니다.

자신의 상황에 맞는 노래를 듣고 따라 부르는 것만큼 신나는 일도 없습니다. 가사가 잘 들리고 따라 부르기 쉽고, 좋은 멜로디는 반복해서 듣고 또 들어도 기분 좋게 공부할 수 있는 방법입니다.

영어 가사는 줄임말 및 실제 사회에서 쓰는 트랜디한 표현들이 많으며, 멜로디와 박자에 맞춰 부르기에 연음, 묵음도 자연스럽게 익힐 수 있습니다.

아래는 개인적으로 좋아하는 추천 가수, 곡명, 내용을 적어 놨습니다. 비교적 가사가 쉽고 박자도 빠르지 않아 따라 부르기 쉬운 곡들을 리스트업 하였습니다. 같은 가수의 좋은 곡들도 많으니 찾아 들어보아 자신이 좋아할 만한 노래를 찾아보고, 한두 개 정도 외워 봅니다.

Tip: 노래를 더 깊게 이해하려면 뮤직비디오 함께 보는 것을 추천합니다. 뮤직비디오를 보면 그 감정을 더 직접적으로 느낄 수 있기 때문입니다.

가수명	곡명	특징
애드 쉬런 Ed shreen	Perfect Thinking out loud	가장 핫한 싱어송 라이터로, 아름다운 멜로디와 가사가 있는 노래들이 많음. 따라부르기 쉬운 리듬감 있는 노래들이 많음.
저스틴 비버 Justin bieber	Love yourself Sorry Intentions	워낙 유명하고 좋은 노래들도 많음. 항상 사회적 분위기를 반영한 트렌드한 팝을 만듦. 유명해진 가수들은 항상 저스틴과 콜라보를 함.
톤 앤 아이 Tones and I	Dance monkey Fly away	흔한 주제들이 아니지만 공감을 일으키는 가사와 멜로디. 독특한 목소리톤과 현실적인 가사들이 공감을 일으킴.
마룬5 Maroon 5	Girls like you Sugar Don't wanna know	한번쯤은 들어봤을 워낙 유명한 노래들. 뮤비도 재밌음, 다른 좋은 노래 엄청 많으니 따로 또 찾아 보시길 추천.
아델 Adele	Hello Someone like you Rolling in the deep	이별 노래가 많고, 노래 분위기가 무겁지만 그녀의 가창력은 최고!
브루노 마스 Bruno mars	When I was your man Just the way you are The lazy song	생활에서 찾은 다양한 소재의 가사들이 재미있음. 리드미컬하며 노래도 다 좋아서 한번 빠지면 계속 듣게 됨.
케이티 페리 Katy perry	Last Friday night Teenage dream Hot N Cold	재밌게 공감되는 노래들. 뮤비가 재밌으니 함께 보시길 추천
테일러 스위프트 Taylor Swift	Forever and always You're not sorry Back to December Lover	사랑과 이별에 대한 노래 주제가 대부분이며 젊은세대들의 감성을 반영한 노래가 많음.
샘 스미스 Sam smith	I'm not the only one Stay with me Diamonds Dancing With a Stranger	잔잔하고 슬픈 가사들과 애절한 목소리가 잘 어울리는 노래들이 많음.
위켄드 Weekend	Blinding lights I feel it coming Save your tears Can't feel my face	요즘 가장 힙한 가수 중 하나. 노래들도 빠르고 트렌디하며 반복적인 단어가 많이 나와 따라 부르기 재밌음.
비틀즈 The Beatles	I Want to Hold Your Hand Yesterday Hey Jude Let It Be	워낙 유명하고 따라 부르기 쉬운 노래가 많아 모르는 사람이 없음. 가장 좋아하는 노래 하나 완벽히 불러보기.

예시를 위해 오래전부터 많은 사랑을 받았던, 미국 재즈 노래인 Everybody loves my baby의 일부를 발췌하였습니다.

Yeah, everybody loves my baby

모두가 내 자기를 사랑하지

But my baby don't love nobody but me, nobody but me

하지만 내 자기는 나 말고 아무도 안 사랑해

이런 식으로 가사도 적어보고 해석도 적어보며 자신이 외울 노래 한곡 정도 정리해 둡니다.

내가 찾은 가수	곡명	특징

내가 선택한 노래 가사 적기		
제목		가수	

가사	
해석	
가사	
해석	
가사	
해석	
가사	
해석	
가사	
해석	
가사	
해석	
가사	
해석	
가사	
해석	
가사	
해석	
가사	
해석	
가사	
해석	
가사	
해석	
가사	
해석	
가사	
해석	
가사	
해석	

원한다고 이루어지지 않는다.
그것을 향해
일해야 이루어진다.

You don't get there
by wishing for it,
but by working for it.

- Estee lauder -

" DAY15 나만의
영어 콘텐츠 만들기

내가 좋아하는 콘텐츠를 영어로 소개해보자.

지난 6일차에서 유튜브를 활용하여 영상을 보고 듣기 연습을 어떻게 할지에 이야기하였다면, 이번 차시에서는 그 영상을 어떻게 나만의 콘텐츠를 만들 수 있을까를 고민해 봅니다.

이미 내가 좋아하는 주제의 영상과 유튜버들의 내용을 여러 번 익숙하게 접했다면, 비슷한 구조로 나의 콘텐츠 영상으로 만들어 볼 수 있습니다.

이것이 영어를 도구로 활용하는 단계입니다.
내가 알고 있는 것을 영어를 이용하여 세계인과 소통하기 위한 준비 과정이지요.

이를테면, 외국인 유튜버의 파스타 만들기의 영상을 보았다고 합니다.
이 유튜버가 파스타를 만들 때, 재료를 소개하고, 어떻게 하는지 요리 과정의 순서를 정하며 진행을 합니다. 그 진행을 참고하여 나만의 쫄면 만들기! 영상 콘텐츠를 기획하여 봅니다.

나만의 영어 콘텐츠 기획하기

제 목		Date :
준비물		
구 성		
장면 스토리 보드 기획		
내 용		

제 목		Date :
준비물		
구 성		
장면 스토리 보드 기획		
내 용		

이런 식의 노트를 작성하여 일단 구성을 해보고 문장을 완성해 말하기 연습을 합니다. 고급영어를 쓰거나 수려하게 말하지 않아도 됩니다. 어울리는 영상과 함께 한, 두 마디씩만 하여도 내 콘텐츠를 영어로 만들 수 있습니다. 이런 과정을 통해 내가 모르는 것이 무엇인지도 알고, 그동안 공부를 얼만큼 했는지도 점검해 볼 수 있습니다. 또, 더 많은 다양한 사람들의 영상을 분석하고 연구하며 나의 컨텐츠를 만들기 때문에 이 과정을 통해 나도 모르게 많은 양을 학습하고 있을 것입니다.

나만의 컨텐츠는 유튜브가 아니어도, 블로그 쓰기, 인스타그램, 페이스북 등의 자신이 원하는 SNS 채널을 통해 세계인과 소통할 수 있는 창구를 만들 수 있습니다.

도전해 보세요!

그냥 앉아서 기회가
오길 **기다리지 마라**.
일어나 **기회를 만들어라**.

Don't sit down and wait
for the opportunities to come.
Get up and make them.
-Madam C.J. Walker-

FINISH

여기까지 따라오신 여러분
수고하셨습니다.

2주 동안 생각하고 느낀 모든 내용을 정리해보고
앞으로 어떻게 더 발전시켜 공부해야 할지 생각합니다.

이 학습지는 영어 공부를 두려워하는 과거의 '나'로부터 탈피하고,
새로운 학습방법을 찾아 시작할 수 있게 도와주는 역할을 하였을 뿐입니다.

지금까지의 목표 설정과 동기 부여를 통해
앞으로 더 발전된 영어 학습을 시작하고 성공할 수 있기를 바랍니다.

영어 공부에 대한 별도의 문의가 있으면 언제든 DM 연락을 주시면,
성심성의껏 답변드리도록 하겠습니다.

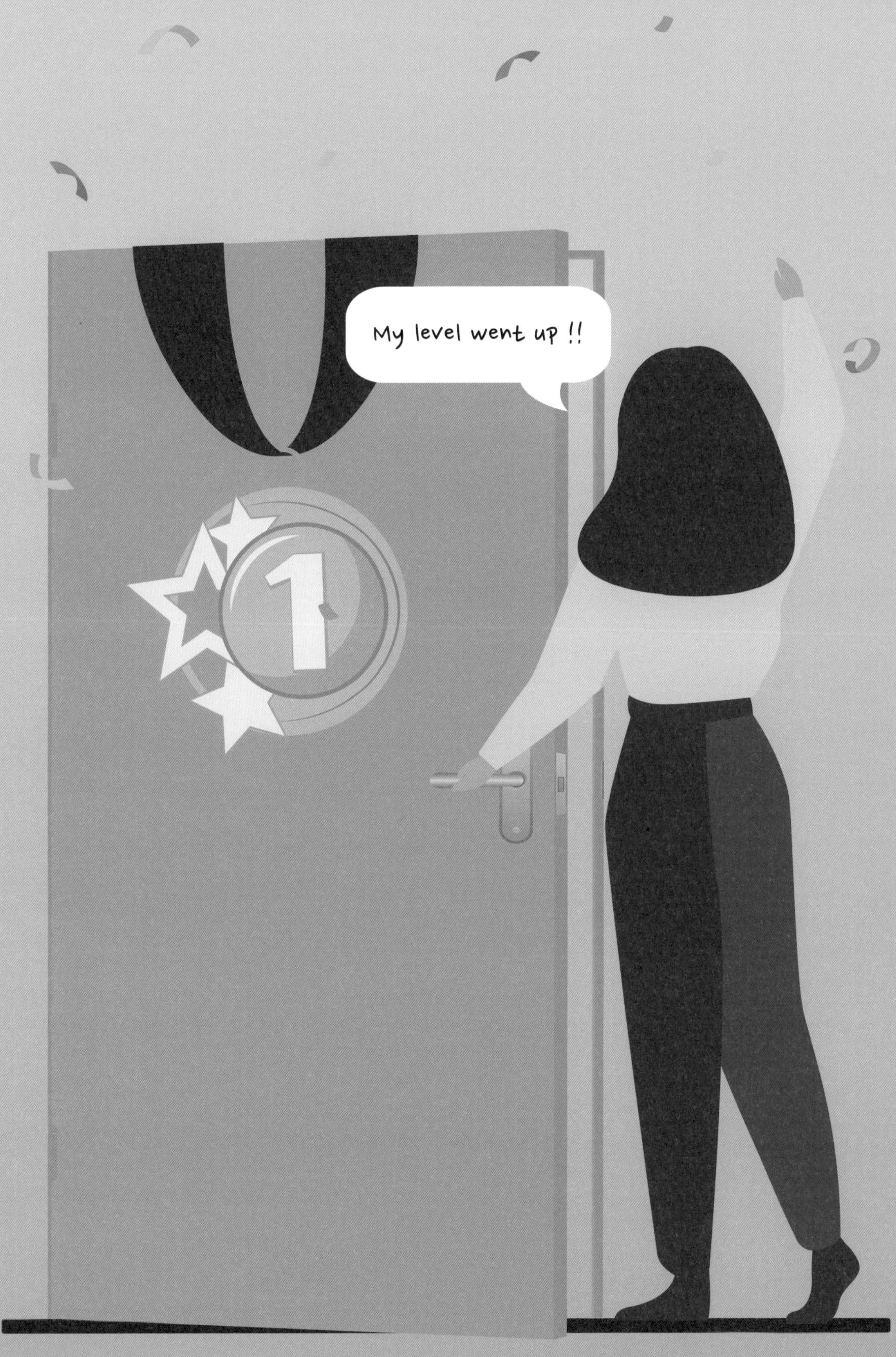
My level went up !!

MEMO

MEMO

프로 삼일러 탈출 첫걸음

15 DAYS

이유있는 영어 자신감 프로젝트

최 초 발 행	2022년 1월 15일
지 은 이	안지민
디자인 및 책임 편집	이현정
총 괄 제 작	김지연
교 정	김현민
발 행 처	리아앤제시
주 소	경기 부천시 송내대로 388, 203동 102-1호
이 메 일	lianjesse@naver.com
출 판 신 고	2021년 6월 16일 (신고번호 : 제 386-2021-000049 호)
I S B N	979-11-977024-0-2
리아앤제시 도 서 번 호	20211230-1

제시TV

영어책 읽기
유튜브 주소

Sounds
America

영어발음
참고영상